Por qué los niños ~~necesitan este libro.~~

Los niños realmente necesitan tener y leer mucho este libro para que puedan crear la vida de sus sueños.

Entonces, en lugar de sentir que la vida es dura, puedes descubrir un mundo donde la vida es fácil.

Si aprendes todo en este libro, todo sobre este poder y cómo usarlo, y realmente lo entiendes todo, realmente tendrás una vida feliz, que realmente puedes disfrutar.

Este poder está en todas partes y en todo, en todo lo que hacemos, pensamos y decimos. Si podemos entenderlo y aprendes a usarlo, tendrás todas las cosas que amas.

Deja que este poder trabaje para ti, para que puedas disfrutar tu vida haciendo las cosas que disfrutas hacer.

Si cada niño solo aprende y hace esta única cosa, todos seremos felices y amados sin importar los desafíos de la vida que tenemos cuando crecemos.

VAMOS A ENCONTRAR MÁS.

El Poder de desbloquear tus sueños

Kid's Get Learning
Libros educativos para niños

El
Poder
de
desbloquear
Tus
Sueños

Escrito por Tegan Helen

El Poder de desbloquear tus sueños

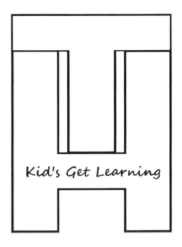

Kid's Get Learning

Primera publicación 2016 por diseños 831
Kidsgetlearning.com

Para mis padres increíbles
David y Laura,
Quienes me enseñaron que nada es imposible.
Si puedes hacer que la energía funcione para ti, entonces
puede tener una vida
llena de diversión,
amor y felicidad.
Por salvarme y darme todo el amor que merezco.
Los amos a los dos y les debo todo.

Apoya la caridad de cuidado de niños
El 10% de todas las regalías del autor se donan a

Kids Care
Supporting foster care in Bulgaria to provide
a safe home environment for children at risk.

Contenido

El Poder de desbloquear tus sueños

El Poder de desbloquear tus sueños

Hola, soy Tegan Helen,

Siempre me ha encantado escribir y leer libros.
Lo primero que hizo que quisiera ser un autor fue leer a Harry Potter y Robert kiyosaki, Rich Dad Poor Dad for Teens (Padre Rico- Padre Pobre para jóvenes), en el libro en el que dijo que J. K..Rowling el autor de Harry Potter tenía más dinero que la Reina.
Wow ella puede escribir historias divertidas que le encanta hacer y las personas les encanta leerlos, entonces gana mucho dinero y no tiene que ir a trabajar, y ayuda a las personas a divertirse.
Seguí pensando y soñando que realmente quería ser una autora.
Fue realmente difícil pensar en lo que los niños disfrutarían y leerían
todos los días, esto fue un verdadero desafío.
Me encanta Roald Dahl, los libros de hadas y libros de Harry Potter, ¿estos son bien pero no aprendes nada?
Me encanta leer mis libros de mi Mami y mi Papi, ya que son realmente
interesantes, y aprendo grandes cosas acerca de cómo alcanzar mis sueños y ser feliz.
Sin embargo, tienen muchas palabras complicadas, esto hizo mi mejor idea.
¿Qué pasaría si pudiera tomar lo que aprendo y encontrar súper interesante y luego escribirla para que los niños puedan entender todas estas geniales cosas? Puedo ayudar a otros niños a aprender cosas geniales como en los libros de mis padres sin tener que tener un diccionario para todas las grandes palabras.

Ahora tengo siete años, soy autora y propietaria de un negocio.

Realmente amo escribir libros.

Mi hermano pequeño y yo somos educados en el hogar, somos realmente niños asombrosos, porque tenemos suerte y tenemos realmente a unos increíbles padres.

Son empresarios e inversores inmobiliarios que realmente ayudan

gente, he aprendido mucho de ellos.

¡Juntos tienen y siguen creando la vida de sus sueños!

¡Encuentro esto tan emocionante y estar ahí viendo cómo hacen que suceda es impresionante!

Mi Mama también es una oradora, me encanta verla compartir su historia, conocimiento y su corazón.

Desde mi último libro también me convertí en una inspiradora y oradora motivacional, y realmente me encanta.

Me encanta ver cómo mi historia y conocimiento realmente pueden ayudar e inspirar a otras personas. Me hace tan feliz.

Hacer esto realmente me inspiró a escribir este libro para ayudar a los niños y las personas en todas partes a crear la vida de sus sueños.

Me siento tan afortunada porque cuando sea grande podré elegir y crear la vida de mis sueños, y seguir escribiendo libros y tener una vida especial y súper divertida.

Realmente quiero ayudar a muchísimos niños.

Si ellos aprenden este poder y luego usan el poder, ellos pueden divertirse mucho también.

<u>Introducción</u>

Hace cuatro años mi vida no era agradable,
era realmente triste,
Siempre me sentí hambrienta y asustada.
No estaba siendo atendida adecuadamente,
Realmente me estaba perdiendo el amor de mi vida.
Yo era muy joven en ese momento,
Solo tenía tres años y sabía muy poco
Ya había empezado a usar este poder.
Nunca escuché de eso antes de que supiera lo que era, pero todos los días
soñaba con ser feliz, segura y amada.
Este poder funcionó para mí y cambió mi vida en muchas mágicas formas, ¡fui adoptada por la familia más maravillosa de la historia!
Ahora es mi sueño compartirlo con todos los niños del mundo, así
ellos también pueden estar seguros, felices y amados.

El Poder de desbloquear tus sueños

El poder

Este poder ha sido real desde que los humanos han estado viviendo en este planeta.

Lo triste es que nadie sabe realmente sobre este poder.

Solo unas pocas personas sabían acerca de este poder y lo ocultaron del resto del mundo. Lo cual creo, que es un poco mezquino y egoísta. Solo querían que todos trabajaran para ellos y fueran como unas abejas trabajadoras.

Desde entonces, mucha gente ha escrito libros para adultos y hecho películas sobre este poder.

Al compartir este poder con todos los niños también.

Habrá más y más personas que usen este poder hoy, listo para nuestro futuro mañana.

Con suerte, habrá aún más de nosotros que usemos este poder cuando todos leen este libro.

Luego les contaran a todos sus amigos sobre este libro.

El Poder de desbloquear tus sueños

Lo que este poder significa para mi

Cuando Mama y Papá me enseñaron por primera vez sobre este poder, yo estaba tan ¡¡emocionada!!
¡Realmente sabía que esto era real!
¡Deseé y deseé una vida feliz y una familia agradable todos los días!
y ahora tengo a mami, papi y hermanito quienes realmente me aman
y una vida verdaderamente feliz!

¡Usamos este poder todos los días!
Tenemos tableros de sueños con imágenes de nuestros sueños y metas
encendido, en mi dormitorio, nuestro baño y notas alrededor de la casa.
Anotamos tres de nuestros objetivos todos los días,
Nos sentamos en silencio con los ojos cerrados durante diez minutos todos los días y soñamos como si hubiéramos alcanzado nuestros objetivos, y nuestros sueños son verdaderos y reales ahora.
Esto sigue funcionado una y otra vez.

¡Es como una verdadera magia!

Algo que creo que a veces falta en los libros y películas sobre este poder. Es que tenemos que hacer cosas todos los días, para ayudar a la magia y hacer nuestros sueños realidad.

Anotamos todos los días 3 cosas que haremos para ayudarnos a acercarnos a nuestros sueños.
¡Siempre tenemos que seguir avanzando!
Me encanta decir eso, es de Disney conocer a los Robinsons. Incluso si tratamos de hacer las cosas mal. Todavía es una gran cosa porque hemos aprendido otra manera de no hacerlo, entonces ahora estamos más cerca de encontrar lo que realmente funciona.

El Poder de desbloquear tus sueños

¡Funciona para cosas GRANDES y cosas pequeñas!

Antes de mi séptimo cumplcaños, dibujé una imagen en la tabla de mis sueños que realmente quería para mi cumpleaños
No pude encontrar ninguna imagen de lo que estaba imaginando, así que lo dibujé arriba, dibujé lo que estaba en mi mente dentro de mi cabeza. Lo que fue realmente mágico es que en mi cumpleaños obtuve lo mismo que con lo que había soñado.

He escrito este libro para niños para que todos podamos aprender este poder.
Todos viven la vida de sus sueños, seamos amados y seremos felices siempre.

El Poder de desbloquear tus sueños

¿Cuál es el poder?

El poder es la ley de la atracción.
¡La ley de la atracción es como si fueras un imán y tus pensamientos y sentimientos son como cosas de metal que todos se tiran hacia ti hasta que te llega y se pegan!
¡SI lo hiciste!

Entonces, si siempre piensas en ser feliz y amado,
Entonces te sentirás así,
Entonces lo tendrás.

Si siempre piensas en estar triste y no tener amigos,
Entonces te sentirás así y siempre será así.

Puedes cambiar la forma en que te sientes y cómo es tu vida, solo
cambiando la forma en la que estás pensando y lo que estas sintiendo.

INTENTALO:
La próxima vez que sientas que algo no va bien, detente.
Haz 10 respiraciones profundas.
¡Cambia tu forma de pensar y di que estas teniendo un gran día!
Necesito cambiar mi enfoque
Enfócate en tus metas y sueños.

El Poder de desbloquear tus sueños

Creo que la ley de la atracción incluso funciona en bebés que no pueden hablar, sin embargo, hacen un poco de ruido y los adultos los alimentan, o limpian su trasero o juegan con ellos.

Solo están pensando qué es lo que quieren o necesitan y todo se va
a ellos.
Todo se siente atraído por ti por las cosas en las que siempre estás pensando.

Siempre he deseado ser una autora famosa,
No solo lo deseé, sino que establecí metas, metas para convertirme en eso.
Aprendí lo que tenía que hacer, convertirme en una autora famosa,
E hice algo todos los días que me movería un paso más cerca todos los días.

Siempre pienso en ser una famosa autora y oradora,
Creo que sueño con eso y les digo a todos que lo soy,
Incluso hice esto antes de escribir un libro real.

Cuando no conoces este poder piensas en muchos
cosas,
Pero muchas veces solo pensamos en muchas de las cosas malas o las cosas que no nos gusta,
Lo que nos hace tener más y más de las cosas que no nos gustan,
Porque seguimos pensando en todo eso.

El Poder de desbloquear tus sueños

Cuando conocemos este poder podemos pensar en cosas y luego
recordar este poder
Luego cambia la forma en que pensamos sobre las cosas en grande y
cosas divertidas,
Entonces podemos comenzar a cambiar todo para ser grandiosos y divertidos.

El Poder de desbloquear tus sueños

La-Ley-de-Atracción

Es una ley, por lo que siempre está sucediendo. Al igual que Gravity, siempre está tirando las cosas al suelo sin importar nada.

Las cosas, los resultados y las situaciones están siendo atraídos hacia ti

ahora. ¡AHORA MISMO!

Entonces debes pensar más acerca de lo que estás pensando, porque si estás pensando en cosas tristes, (me intimidan, no me quieren) eso siempre sucederá.

Cuando sepamos todo sobre este poder, debemos tratar de intentar.

Siempre piensa en cosas geniales, divertidas y felices para que podamos hacer

¡todo genial!

Una vez que comienzas a pensar que les gusto, voy a tener una

día maravilloso, te mantendrás más fuerte con más confianza,

No tengo que jugar con ellos, pero te dejarán solo ahora.

Pronto buscarán a otra persona que esta encorvada y alejada.

Entonces es tu trabajo ayudarlos, cuéntales sobre este poder, sobre este libro, préstales el tuyo, diles cómo

te hizo feliz y libre!

Entonces, uno por uno, podemos detener el acoso.

El Poder de desbloquear tus sueños

¡Pensando en cosas geniales!

Una excelente manera de ayudarnos a pensar en las mejores cosas que haríamos es como hacer un tablero de visión / tablero de ensueño.

Tenemos un gran pedazo de papel o tarjeta, Siempre uso papel rosa porque es mi color favorito y me hace feliz.

Luego puedes buscar imágenes en revistas o cómics o en folletos de viaje, luego recórtelos y pégalos en tu tablero de ensueño.

O puede encontrar imágenes de las cosas que realmente le gustaría tener en Google imprimirlos y pegarlos en su / tablero de ensueño.

Mi actividad favorita es dibujar las mejores cosas que harías, o que me gustaría tener o me gustaría hacer.

Tony Robbins

Yo

Puede pegar esto en algún lugar donde pueda verlo todo el tiempo, como

en tu habitación cerca de tu cama,

Creo que esto me ayuda a tener sueños increíbles de estas cosas también,

No solo sueños, visiones. Visiones de mí haciendo estas cosas, estar en este lugar, sosteniendo esta nueva cosa, ser esta persona.

Siempre tengo visiones de estar en una biblioteca o librería y tengo

fanáticos a mi alrededor, queriendo que firme su copia de mi libro.

El Poder de desbloquear tus sueños

Otra cosa que nos puede ayudar a seguir pensando en cosas, es escribir nuestros objetivos o sueños en un papel todo colorido y divertido y también poner esto donde lo veamos mucho y leerlo todos los días.

Luego puedes escribir las mismas cosas en una pequeña hoja de papel o tarjeta y guárdela en un lugar como su bolsa o lapicera para que puede verlo muchas veces durante el día y seguir leyéndolo y así mantenerte pensando en cosas geniales.

Una forma divertida de ser feliz es lo que mi mama me enseñó después

ver a Tony Robbins y eso es sacudir tu trasero. Suena loco, pero te hace sonreír y ser feliz y risueña.

¡Otra forma es bailar o cantar! Me encanta girar como una bailarina,
cantando mis canciones favoritas.

Incluso hice una lista de reproducción de canciones divertidas y felices en la computadora para hacerme feliz. Está disponible en mi sitio web,
Kidsgetlearning.com

Habla o juega con tu mejor amigo / hermano o hermana. Mi hermanito es muy bueno para hacerme feliz y divertido cuando me siento un poco triste, es tan divertido y me quiere mucho.

Estas son las cosas que hago y uso para ser feliz y mantenerme
centrada, para mantener mi mente pensando en cosas geniales y divertidas.

Puedes hacer la sonrisa más grande en el espejo y pronto harás que
sea real y comienzas a sentirte feliz otra vez.

INTENTALO:

Sonríe frente al espejo,
Una gran sonrisa y sostenla por dos minutos
Comenzarás a sentir que la sonrisa se vuelve real.
Te verás tonto,
Bueno, lo hago de todos modos, y el tonto se convierte en una risita,
Entonces una risa y luego estoy feliz.

Estas son las cosas que hago y uso para ser feliz y para mantenerme
Enfocada.
Para mantener mi mente pensando en cosas geniales y divertidas.

Es tu turno de pensar en cosas que podrías hacer, decir, mirar o leer,
para ayudar a que te sientas bien y FELIZ!

_____
_____
_____
_____
_____

<u>Cómo funciona</u>

La ley de la atracción, este poder realmente increíble es realmente genial si lo conoces y lo usas de la forma correcta. En realidad, puede cambiar tu vida.

No importa si eres grande o pequeño, una niña o un niño, no importa dónde vives, de qué color es tu piel ... nada de esto importa.

Siempre funciona todo el tiempo, no importa si estás pensando

de cosas buenas o cosas malas, es así, así que lo que sea que pienses,

se hace.

Muchas y muchas personas tienen cosas tristes que suceden y simplemente están pensando en esas cosas todo el tiempo y sigue haciéndolo, y ellos cada vez están más triste.

A veces, cuando las personas aprenden todo sobre el poder tienen, da un poco de miedo de pensar en algo triste, pero está bien tener pensamientos un poco tristes, cuando algo triste ha sucedido, es cuando necesitamos nuestro gran material para hacernos pensar en cosas realmente grandiosas de nuevo.

Hay algunos científicos que han trabajado sobre esto y han descubierto que un pensamiento triste es poco, y un pensamiento feliz es súper duper más grande y poderoso, siempre y cuando nuestra vida este recibiendo más pensamientos geniales que tristes,

¡cada vez más grande!

Cuando conocemos este poder, la vida puede ser genial y podemos divertirnos mucho pensando en cosas cada vez mayores que se unen a nosotros, como un imán.

Recuerda que nuestros pensamientos están haciendo que las cosas nos vengan bien y mal, así que consigamos que nos lleguen las cosas buenas.

Las cosas toman tiempo. Hay una película llamada The Secret, es un poco muy divertida, donde un hombre recibe una postal con una imagen de elefante, y él piensa en un elefante, y luego el elefante aparece en su
sala de estar y él se cae del sofá, realmente me hace reír mucho.

Hicieron esta parte para mostrarnos que las cosas no te llegan
inmediatamente.

Entonces, si ves un camión de helados, piensas, mmmmmmmm ... helado, es tan bueno pensarlo y enfocarse en él, pero no solo salta a tus manos enseguida, o eso sería un poco divertido.

*The Secret.tv with Ronda Byran

Primero intenta cosas pequeñas

Cuando estábamos aprendiendo todo sobre esto, mis padres solían mostrarnos cómo funciona,
Entonces podríamos probarlo y ver la magia por nosotros mismos.
Cuando tuvimos que ir de compras al supermercado o ir a la biblioteca para tener más libros, en el camino, mis padres dijeron ¿puedes ver nuestro espacio de estacionamiento? cierra los ojos, puedes ¿lo ves? WOW está vacío, YEY está vacío, podemos estacionar allí, guau justo afuera de la puerta. ¡Hurra, lo hicimos! Wow, ¿todos podemos ver ¿el espacio? En el camino cerca del aparcamiento todos diríamos "yo veo nuestro espacio, nuestro espacio está vacío "una y otra vez cuando lleguemos allí no importa cuán ocupado este el lugar y el aparcamiento, nuestro espacio siempre está vacío. Una vez pensé que no funcionaba, pero Mama dijo espera y veras y cuando llegamos a él, el coche en el camino salió del espacio justo a tiempo, estaba tan emocionada ¡funcionó! Realmente pensé en algo que podía ver y lo hizo suceder.

También lo probamos con la gente, todos pensamos en la tía Jessica,
y en el día seguimos pensando en ella y hablando de ella e hicimos dibujos de ella. No sabía lo que iba a ocurrir. Entonces el teléfono sonó RING RING y era tía
Jessica!

Fue increíble, incluso intenté esto por mi cuenta, sin decirle a mi

Muma, para ver si era real.
Estaba teniendo un día triste, me desperté con un mal sueño de mis traviesos mamá y papá, y yo estaba muy callada.
Sabía que tenía que cambiar mis pensamientos, y comencé a pensar en la tía Jessica otra vez y las cosas divertidas que hicimos, ella nos llevó a Legoland, y me llevó a nadar, me encanta hablar con ella, después de un rato el sonó el teléfono, grité, dije "¡Lo conseguiré, es para mí!" y
era, bueno, no solo para mí, sino que era la tía Jessica.
Tuvimos una buena conversación y ella dijo que iba a bajar y nos vemos pronto, (ella vive muy lejos). ¡Entonces dejo que Mama hable con ella, y ellos, yo sabía que era real! Solo yo sabía en lo que estaba pensando.

<u>Tu turno</u>

Piensa en algo pequeño con lo puedes probar este Poder.

_____

_____

_____

Ahora piensa en lo que puedes decir a ti mismo

_____

_____

_____

Ahora piense en quién puede ayudarte a enfocarte en lo mismo.

_____

_____

_____

Ahora piensa en qué imágenes necesitas ver en tu cabeza

_____

_____

_____

Ahora piense cómo te sentirás cuando funcione

_____

_____

_____

_____

_____

La imaginación es poder

Cuando leí La ciencia de hacerse rico, realmente me encantó cómo
explicó cómo usar nuestra imaginación.
¡La imaginación es donde se crean cosas grandes y nuevas!
Si puedes imaginar algo, puedes hacerlo en la vida real.
Alguien imaginó encender una luz para alegrar una habitación,
antes de que usaran velas, esa persona era Thomas Edison.
Alguien más, Martin Cooper imaginó hablar por teléfono y ser capaz de caminar con eso. (Solían tener cables conectados
¡a ellos!)

* Ciencia de hacerse rico Wallace D. Wattles

¡Tantas personas conocidas en el pasado que hicieron cosas realmente increíbles para el mundo conocían sobre este Poder!

A la gente le gusta;
William Shakespeare - Fue un poeta, dramaturgo inglés y actor, ampliamente considerado como el mejor escritor en el idioma inglés.
Isaac Newton - Físico y matemático inglés que es ampliamente reconocido como uno de los científicos más influyentes de todos los tiempos.
Ludwig van Beethoven - Fue un compositor de clase mundial.
Abraham Lincoln - fue el decimosexto presidente de los Estados Unidos. Preservó la Unión durante la Guerra Civil de los Estados Unidos y trajo sobre la emancipación (libre de restricciones legales) de los esclavos.
Thomas Edison - Fue un inventor y empresario estadounidense.
Desarrolló muchos dispositivos que influyeron enormemente en la vida
En el mundo, incluido el fonógrafo, la cámara de cine, (para que podamos tener televisión) y la bombilla eléctrica de larga duración.
Albert Einstein - Desarrolló la teoría general de la relatividad, uno de los dos pilares de la física moderna. El trabajo de Einstein es también
conocido por su influencia en la filosofía de la ciencia.

Puedes buscar en Google a estas personas y aprender aún más sobre ellas
¡son realmente increíbles!

El Poder de desbloquear tus sueños

Ahora la gente imagina los autos voladores, y hay personas hoy que hacen y diseñan autos voladores, y los prueban.

Mi pensamiento es tener zapatos voladores para que podamos pararnos y volar,

No se necesitan autos ¡Woop Woop!
¿Cuáles son tus imaginaciones más salvajes?
Estoy segura de que algún día en el futuro se convertirá en realidad.

Piensa

_____
_____
_____
_____
_____
_____
_____

Creo que la razón por la que la gente nunca les contó a los niños sobre esto antes es porque tenemos la superpotencia necesaria para crear
cosas increíbles en el mundo.
Tenemos, en grandes cantidades, la cosa más poderosa,
lo que a medida que las personas crecen comienzan a perder,
dejan de usar y comienzan a perder.

¡TENEMOS IMAGINACIONES IMPRESIONANTES!

¡Nosotros, como niños, podemos soñar, pensar e imaginar mucho más de lo que un adulto puede!!

Entonces, si todos conocemos y usamos este poder juntos en una gran

y manera útil,

Nosotros los niños podemos crear un nuevo mundo feliz, divertido y genial.

dicen que los niños son el futuro,

Somos el futuro, y ahora conocemos este poder,

¡Seremos imparables!

Podemos hacer que todo el mundo sea feliz, creativo, divertido y lleno de

amor si todos nos enfocamos, lo soñamos e imaginamos juntos!

¡PODEMOS HACER LO QUE SEA!

Crea un mundo feliz

A veces puede ser realmente difícil pensar realmente qué estás pensando.

Para asegurarte de que siempre estás pensando en cosas geniales.

Hay una forma más fácil de asegurarse de que estamos pensando cosas felices tanto como podamos.

Podemos usar nuestros sentimientos, tenemos buenos y malos sentimientos.

cuando nos sentimos mal, pensamos en cosas malas o tristes, cuando nos sentimos felices y emocionados, es porque estamos pensando en cosas divertidas.

¡Así que es fácil saber si estamos pensando cosas geniales!

Si nos sentimos bien y somos felices, cariñosos, sonrientes, emocionados y risueños, entonces nos sentimos grandiosos y pensamos cosas geniales.

Con más cosas geniales que se nos presentarán.

El Poder de desbloquear tus sueños

Los tres pasos del poder

Paso 1 - **PREGUNTE**

Debes preguntar qué es lo que quieres, hacer un comando al universo, sé específico, no digas que quieres juguetes nuevos, di el juguete, descríbelo en detalle, el tamaño del color y sus características.

Escribe una carta de agradecimiento como si ya lo tienes, diciendo que estas tan feliz y agradecida de lo que ahora tienes...........

Paso 2 - **CREER**

Cree que ya es tuyo, que **ya** tienes lo que quieras, **ya** ha sucedido, lo tienes en tus manos.

Paso 3 - **RECIBIR**

¡Siente cómo te sentirías si lo tuvieras ahora, lo estás usando, jugando con él, vistiendo o haciendo lo que sea que pidas, lo estás haciendo o lo tienes en tus manos, ten una visión o imagina que lo tienes, siéntete feliz grita y sé feliz!

Mi carta de agradecimiento

Al Universo

Estoy tan agradecida de que me hayas dejado ver a mis hermanos y darme la oportunidad de estar con ellos. Ahora estoy tan feliz y agradecida por permitirme hablar con Tony Robins estoy tan feliz y agradecida.
Soy famosa, gracias por todas las grandes cosas que me has dado,

Te amo Mucho

Con Amor Tegan

No necesitas pensar o preocuparte sobre cómo va a llegar a ti o cómo van a cambiar las cosas.

No necesitas saber ni preocuparse por cómo, SUCEDERA, solo necesitas enfocarte en lo que quieres y saber en sus corazones que SUCEDERÁ.
Si algo sucede y se siente bien, hágalo, podría estar más cerca de lo que quieres.
Debes avanzar hacia tus sueños.

Un paso a la vez, siempre avanzando.

"No tienes que ver la escalera completa, solo da el primer paso"

Martin Luther King

Dónde estoy ahora

¡Casi todos los que son alguien, no comenzaron en un gran lugar!
Todos tienen una historia sobre su origen, y a menudo no es una buena historia.
Mira a Anthony Robbins y Oprah Winfrey
http://www.oprah.com
Así que no hay necesidad de preocuparse por dónde se encuentra ahora
y NUNCA JAMÁS creas que dónde estás ahora es quién eres, o quien estas destinado a ser!
NUNCA JAMÁS creas que lo que tienes ahora es todo lo que
mereces o es todo lo que vas a poder hacer!
¡¡Esto no está bien!!
Este es solo un lugar en el que te encuentras ahora, y esas cosas no
¡importan! ¡Aún puedes cambiarlo!
Si pensara así, estaría triste y sin amor, y definitivamente no escribiría libros y ayudaría a otros niños a vivir sus sueños al igual que yo.
¡Lo malo nos da aún más razones y determinación para seguir Intentándolo más, desearlo más y realmente obtenerlo!
Un montón de gente que es súper buena en la vida tuvo un triste,
comienzo antes de que se pusieran realmente bien!

* www.tonyrobbins.com   http://www.oprah.com

¡Mírame a mí y a mi historia!
¡Entonces puedes hacerlo! ¡Cualquiera lo puede hacer! ¡¡de donde sea!!

Cambia tu forma de pensar,
¡Para cambiar tu futuro!

Di gracias

Es muy importante decir gracias y apreciar por todo las buenos cosas en tu vida, ¡incluso si parece que no es mucho! Debes enfocarte en las cosas geniales y realmente agradecerle al Universo / a Dios / al Espíritu superior, quien sea que creas que creó la tierra y todo lo que tenemos a nuestro alrededor, por todo lo que tienes, que estás vivos en este momento.

SABIENDO que hay un camino mejor para ti.

Usted tiene la capacidad de poder leer, pensar y cambiar su pensamientos para mejores cosas.

Estas son algunas cosas por las que estoy agradecido;
- Comida para comer
- Aire limpio para respirar
- Nuestra salud
- Nuestros seres queridos
- La luz del sol
- El cielo estrellado
- Las hermosas playas
- Los parques divertidos para jugar
- Nuestros amigos y juguetes

Cuando decimos gracias, gracias, gracias. Tú notarás que aún hay más cosas para estar agradecido.

Siempre ha estado ahí, solo ahora porque te estás enfocando en las grandes cosas que te están sucediendo, el Universo ahora te da aún más de las mejores cosas.

¡Te mantiene más concentrado, más feliz y sintiéndote fantástico!

¡Si realmente lo quieres lo suficientemente lo obtendrás!

ASÍ QUE ... ¡NUNCA TE RINDAS!

Escribo 5-10 cosas que agradezco todos los días, entonces me tomo un tiempo para cerrar los ojos y agradecer al mundo por estas cosas geniales que tengo en mi vida.

Mis 5 cosas principales son:

1 - Mi increíble familia que me quiere tanto
2 - Las oportunidades que tengo a mi disposición
3 - La comida en mi barriga
4 - Mi gran cuerpo saludable y funcional
5 - Que puedo compartir y ayudar a otros.

El Poder de desbloquear tus sueños

¿Cuáles son los suyos?

Escribe tus 5 mejores cosas.

1- _____

2- _____

3- _____

4- _____

5- _____

El Poder de desbloquear tus sueños

¿Qué vida crearás?

Mis objetivos y sueños que comencé en enero de 2016:

1 - Hablar en el escenario con Anthony Robbins
2 - Volver a ver a mis hermanos (son adoptados en otro lugar)
3 - Ser una autora y famosa oradora
Ahora toma un poco de tiempo para escribir **tus** sueños y metas.

1- _____

2- _____

3- _____

Piensa y siente cómo se sentiría si todo estuviera aquí ahora mismo si
era todo tuyo y lo hiciste todo?

El Poder de desbloquear tus sueños

¡NO TE RINDAS!

- Cree que puedes tenerlo
- Cree que lo mereces
- Cree que viene hacia ti
- Concéntrese en eso todos los días
- ¡Da un paso hacia eso todos los días!

No puedes imaginarte que vas a ser un gran bailarina o jugador de fútbol, o lo que sea que quieras ser o tener, y conseguirlo.

Debes escribirlo, creer que puedes ser un gran
bailarina o jugador de fútbol.
¡Piénsalo, mira que ya eres increíble!
Concéntrese en eso todos los días, y verá posibilidades de dar un paso
más cerca de ese objetivo.
Puede ver clases / sesiones de entrenamiento. O competiciones a las que puedes ir o unirte, Preséntese y siempre haga su mejor esfuerzo, Haz algo todos los días para acercarte un paso hacia su objetivo de ser la mejor bailarina o jugador de fútbol, o lo que sea que elijas.

Practica todos los días, lee sobre ello,

lee sobre personas que ya de verdad están haciendo esto,
mira lo que hacen, actúa como ellos,
sé cómo ellos,
Practica cada día,
Cuando se ponga difícil y otros se dan por vencidos.

¡No lo harás!

Continuarás porque sabes cómo se verá cuando llegues allí
cuando eres el mejor, porque ya lo habías visto.
Te sentirás mejor cada día,
entonces, cuando llegue su gran oportunidad, estarás listo,
puedes brillar,
cuando alguien ve lo maravilloso que eres te darán la
oportunidad que necesitas, porque has practicado y
estudiado.
Estarás listo y tendrás éxito,
tu objetivo, tu sueño será real, ¡¡¡harás esto!!

- Imagina
- Cree
- Recibe
- Acciona
- Practica
- Muestra
- Actúa
- Disfruta

¡Pensar que es muy importante, pero también lo es la acción!

Debes hacer las cosas que deben hacerse para alcanzar tus sueños. Algunas cosas toman tiempo, pero esto siempre funciona CADA
tiempo si no te rindes!
Sigue y sigue creyendo,
Justo cuando crees que no está funcionando es cuando está a punto de funcionar
asi que. .

Sigue adelante,
Sigue pensando
Sigue soñando
Continua practicando.

¡NUNCA TE RINDAS EN TUS SUEÑOS!

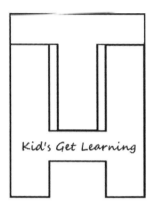

Si te encantó leer esto tanto como nosotros amamos
escribir esto, entonces
por favor conéctate conmigo
Me encantaría escuchar tus pensamientos.

http://teganhelen.co.uk

http://kidsgetlearning.com

https://facebook.com/kidsgetlearning

https://twitter.com/kidsgetlearning

Para mantenerse actualizado y para saber cuándo será el
próximo libro
publicado, regístrese en mi boletín de noticias.
newsletter@kidsgetlearning.com

Un agradecimiento especial a,
Mi mamá por ayudarme a escribir este libro y dedicar tiempo
para enseñarme esto realmente genial y útil.

Mi papá por editar e ilustrar las imágenes en todo ellibro.

Para Janet Young por la foto de mi familia y yo a lo largo de todo el libro.

facebook.com/janetyoungwadebridge

para alerrandre para producir las portadas y contraportadas Alerrandre

Dedico este libro a mi hermano
pequeño
Tyler David,
siempre me haces reír y sonreír,
eres genial para jugar y
tus abrazos son los mejores.
Sé que con toda tu felicidad
Tendrás una vida increíble.

831

¡NUNCA TE RINDAS EN TUS SUEÑOS!

Made in the USA
Middletown, DE
04 July 2021

43216296R00035